UN MUNDO VERDE

UN MUNDO VERDE

ISMAEL RECINOS

Número de Control de la Biblioteca del Congreso de EE. UU.:   2014902595
ISBN: Tapa Blanda   978-1-4633-7872-1
                Libro Electrónico   978-1-4633-7873-8

Fecha de revisión: 12/08/2014

Para realizar pedidos de este libro, contacte con:
Palibrio LLC
1663 Liberty Drive, Suite 200
Bloomington, IN 47403
Gratis desde EE. UU. al 877.407.5847
Gratis desde México al 01.800.288.2243
Gratis desde España al 900.866.949
Desde otro país al +1.812.671.9757
Fax: 01.812.355.1576
ventas@palibrio.com
604048

ÍNDICE

INTRODUCCION.

En estos momentos, en que el mundo se encuentra en peligro por tanta contaminación, el ser humano con su inmensa y grande inteligencia, sería muy importante que comenzase con actitudes positivas, para contribuir en la salvación de muchas bellezas que en todas partes están desapareciendo, día a día se ve la falta de interés por construir, lo que está destruido y unos hechan la culpa a los otros, sin darse cuenta que todos de alguna manera directa, o indirecta; somos responsables de todo el daño que hemos hecho a nuestro mundo, es hora de actuar positivamente creando programas, que puedan rescatar por lo menos una parte de todo lo que se nos ha confiado, para una subsistencia mas humana con las riquezas que la misma naturaleza nos proporciona, pero que no las sabemos usar convenientemente, de manera compartida como debe ser en beneficio de la sociedad.

CAPITULO, I
(EL AGUA Y SU USO).

Trataremos de exponer en esta parte, algunas de las miles de ideas, que conciernen a lo que podía ser la manera de emprender, una severa actitud en el proceso de descontaminación de nuestro planeta, a largo plazo con la intención de hacer participar a todos en general, es tiempo de aprender a usar nuestra inteligencia, en algo positivo sin pensar únicamente en beneficios personales, y actuando como seres civilizados, pues a muchos se nos olvida que hemos pasado por una Escuela, una Universidad, y lo que allí fuimos a aprender como una preparación intelectual, no necesariamente debemos usarlo para una carrera una Profesión, pues en nuestra vida cotidiana se nos muestra una verdadera y útil Universidad; la que podemos poner al servicio de una sociedad, que cada día esta mas destrozada.

Por lo tanto; nos vamos adentrando en un sistema Empresarial y materializado, y nos olvidamos de lo esencial, y así sabemos de donde venimos, pero no sabemos a donde vamos a causa de nuestra ambición del tener, del poder y amazar cuantiosas cosas las que nunca nos haran felices, y un día dejaremos, pero es necesario pensar que esa niñéz, esa juventud que viene detrás de nuestros pasos, tambien tiene derecho a vivir un día como unas personas civilizadas que deben gozar de las grandezas de este mundo, estamos obligados a respetar como personas que vivimos en la misma casa, donde tenemos derechos, pero tambien obligaciones y debemos responsabilizarnos, cada quien con su obligación hoy en día tambien se les enseña a los niños, que por salir corriendo a la Escuela; dejan su habitación desordenada, pues no hay tiempo para dejar todo en su lugar, cuando los Padres de familia deberían enseñar a esos niños a madrugar un poco mas, y dejar todo ordenado, lo mismo pasa con la gente adulta pues hoy no tengo tiempo para botar esta basura, lo haré mañana y así se há quedado para nunca hacerlo, es una manera de decir que así es como tratamos a nuestro mundo, pues no hay tiempo para ver la manera de hacer las cosas mejor.

Hace cincuenta años, se veía por todas partes fuentes de agua cristalina, ríos que invitaban a darse un baño al ver sus caudales claros y frescos, hoy esos lugares ya casi no existen, o sea que la Geografía y la Topografía de nuestra tierra há cambiado por lo menos un cuarenta por ciento, y nosotros no queremos darnos cuenta, hasta cuando estaremos llenando los Lagos, Ríos y Riachuelos, de deshechos indeseables que acaban con la pureza de la Naturaleza, hoy parece que en el mundo tanto los países Europeos, como los países Latino-Americanos, y de otros continentes en sus sistema educacional ya no existe la enseñanza de la Ecología, pues para comenzar; la mayoría no conoce las plantas y su desarrollo que concierne a su crecimiento, ni siquiera su nombre (Vulgar) mucho menos su nombre (Científico).

Es lamentable que a causa de la carrera que se lleva, esas cosas de suma importancia se dejen a un lado, porque hoy los jóvenes viven abandonando la Escuela, para hacerse de un trabajo a temprana edad, y cuando le sienten el sabor al dinero, los estudios se quedan por un lado pues dicen que luego continuarán, mientras tanto harán una cuenta en el Banco, luego llega el consumismo de que si más tengo, mas quiero y así se olvidan de lo mas esencial, el saber que no le sobra a nadie, pues el buen filósofo dijo; lo único que sé, es que no sé nada, para volver a enfocar este grave asunto, de la contaminación que es nuestro tema principal, el cosumo del agua lo debemos nosotros controlar, pues algunas personas vivimos en lugares donde el servicio del agua es abundante, y es hora de hacer un poco de ahorro del preciado líquido, es cierto que nuestro Planeta se compone de sus tres partes de agua, pero salada que ya agua dulce casi no queda, decía algo de nuestros países de la América Latina, donde quiza los Gobiernos deberían pensar en programas adecuados, y comenzar con los poderosos que son los dueños de Hoteles famosos, en todo el mundo que a ciencia cierta, no se sabe como funcionan pero debería haber un control sobre el sistema hidráulico, sobre todo sanitario en todo sentido comenzando con los desagues, que normalmente todos desembocan en los Lagos, y tambien en los Ríos y Riachuelos que entre más viajan hacia el Mar, más contaminación recojen a su paso, después los ciudadanos con escasos recursos, se podía exijir que cada familia tuviese su propio drenaje y Pozo Séptico a los que se les podía ayudar a construír, sus Pozos de unos cuantos metros cuadrados, con una superficie de unos tres metros de largo, por diez de profundidad y el Gobierno Central, junto con el Gobierno Municipal, les podían ayudar con los gastos de la plancha de cemento, que sería lo que cubriría dicho Pozo que antiguamente se llamaban Pozo Ciego, y cuanta cosa buena se puede hacer habiendo buena voluntad, en algunos lugares existen nacimientos de agua, que después de su origen se convierten en Ríos, eso es necesario cuidar con mucho celo, pues son una maravilla pensando en su agua potable, que tanta falta esta haciendo a la sociedad, teniendo conciencia del mal que se hace en este sentido, el agua se debería usar única y exclusivamente, para el consumo diario incluyendo el aseo personal, y nunca para deshacernos de nuestros deshechos personales, especialmente fecales que es lo mas contaminante, el que solamente la madre naturaleza con sus componentes químicos puede absorber, transformar y hasta eliminar

En el continente Asiático, se ve como a pesar de ser tan grande su población, aun se conservan muchos Lagos y Ríos con muy buena calidad de agua, en Canadá que es un país que cuenta hasta hoy, con un caudal de agua suficiente para surtir gran parte del mundo, pero al paso que se están contaminando los Lagos y Ríos, será imposible que eso dure mucho a causa tambien de la negligencia de sus autoridades, pues la mayor parte de desagues tanto de los pueblos como las grandes ciudades, todos desembocan en los Ríos y tambien en los Lagos, esto no es broma porque la contaminación avanza a pasos muy acelerados, y si no hay una concientización en todos los ciudadanos, será una gran catástrofe en poco tiempo, este capítulo se refiere solamente a nuestro sistema hidráulico, pues sin el preciado líquido no habrá vida ni Ecológica, ni tampoco humana y seres vivientes, pues todos sabemos que el agua es la vida para todo ser natural, tenemos ya muchas pruevas porque es evidente que Bíblicamente, en el principio todo estaba lleno de torrentes, grandes Ríos y manantiales a lo que hoy se han convertido en unos desiertos, o montañas de rocas, donde no se ven ni rastros de agua la cual puede que exista a una buena profundidad, y lo vemos en todo el centro de los Estados Unidos, y el Medio Oriente, que solo se encuentra el agua en partes muy bajas, la topografía se ha encargado de absorber el agua hacia profundidades, y a veces son inalcansables pues habría que hacer excavaciones muy profundas, para lograr conseguir la extracción del líquido, esperamos que luchando todos juntos se logre un equilibrio, en el control de nuestro sistema hidráulico para el bien de la población mundial, especialmente en nuestros sistemas de desagues, pues se ven en algunas partes a flor de tierra porque las personas no tienen conciencia de lo que hacen, y si la tienen, no se compadecen del prójimo y especialmente los jóvenes y la niñéz que serán los que sufrirán un futuro muy duro, a consecuencia de la negligencia de los demas, quienes hacen daño muchas veces a propósito, sin importar las consecuencias irreparables del mismo ser humano que poco a poco busca su misma desctrucción, no importa si es a costa de vidas inocentes, porque lo que se busca de esa manera; es la aceleración de los duros acontecimientos que en un futuro no muy lejano llegará a todo ser viviente, donde ya no habrá ninguna escapatoria, pues la mayoría de veces se reflexiona demasiado tarde, es por eso que se debe actuar con carácter urgente viendo como nos aproximamos a un final que nosotros mismos estamos apresurando, se debería considerar la posibilidad de ahorrar lo mas que se pueda, el agua que consumimos pues hay muchas maneras de poder hacerlo, por ejemplo en la ducha, si hacemos lo posible de usar un recipiente, ejemplo; plástico o metálico para recibir el agua que consideremos suficiente para el baño, no dejaremos correr el agua en cantidades increíbles, mientras nos estamos bañando, en el riego del jardin; hay otras maneras de ahorrar el agua, por ejemplo dejar crecer el césped y cuando este se encuentre en tiempo de cortarlo, hacerlo a unas tres o cuatro pulgadas de largo, y de esa manera con el sereno de la noche se mantiene en perfectas condiciones, y es una cantidad del preciado líquido que estamos ahorrando, el cepillo de dientes usarlo con un vaso de agua, en lugar de dejar el grifo abierto mientras nos cepillamos, y asi hay muchas maneras de lograr que nuestra agua nos dure mas tiempo, todos los días nos enteramos de lo que pasa en nuestros pueblos, por la falta de consideración del mismo ser humano, hay muchas areas donde no se toma la iniciativa de la forestación, especialmente en las riveras de los ríos los cuales se van quedando sin árboles, y luego los fuertes rayos solares hacen la evaporación del líquido, causando la sequía en los causes donde antes había un riachuelo o un río, queda solamente la seña donde este pasaba, cualquier persona puede darse cuenta de este fenómeno, pero parece que nadie quiere ver la necesidad de actuar no olvidemos que las venas de la tierra son los ríos, si nosotros inyectamos veneno o virus a nuestras venas, el resultado es muerte, o entoxicación, lo mismo con el agua si en los ríos ponemos toda clase de deshechos, estamos haciendo lo mismo, o sea matando la vida de la tierra, es tiempo ya de ponernos a pensar en la juventud que habitará este planeta, sin recursos de sobrevivencia, dejemos un bonito legado a nuestros niños que son el futuro del mundo.

CAPITULO, II
(EL HUMO CONTAMINANTE,)

En este capítulo, veremos un poco las consecuencias que está ocacionando el aumento cada vez mas de las emanaciones de Humo, a causa tambien de la mayor parte de intereses capitalistas

que tratan de esquivar toda clase de petición, incluso de países industrializados, que se dan cuenta de este gran fenómeno, que causa tanto desgaste a nuestra Atmósfera, en estos momentos se ha desarrollado la conferencia mas grade de todos los tiempos, con el objeto de tratar los asuntos de emanaciones de humo de todas las Empresas que lo producen, a lo que muchos países sí estuvieron de acuerdo en el control de este asunto de suma importancia, pero otros aún no se ponen de acuerdo y esto es de una gran importancia, es allí donde hace falta concientización de los poderes económicos, estamos de acuerdo que las grandes empresas son las que mueven el mundo, y lo hechan hacia arriba pero tambien hoy lo hechan hacia abajo, esperamos que el llamado de colaboración, yegue al corazón de los responsables, aunque tambien en esto tienen mucho que ver los gobiernos, a los que se les vé con poca voluntad de colaborar, pues los intereses son muchos en cuestión económica, es una idea que alguien há tenido ya de tratar de utilizar filtros adecuados, pues asi como se han logrado poner los filtros hidraulicos, tambien se debería ver esa posibilidad de idearse los filtros para humo.

En las grandes ciudades del mundo, se encuentra quizas con un 65% de las emanaciones, de los Automotores que de esto se encuentra poblado el Planeta, luego en segundo lugar; diríamos la cantidad de Refinerías y grandes Empresas que ocacionan una cantidad de emanaciones exageradas, luego en la mayor parte de países cálidos, que tienen la costumbre de talar bosques completos y luego, cuando estos se encuentran secos hacen quemarlos, cosa que debería prohibírse pues solo queda la tierra desnuda y desolada, que debería controlarse porque tambien nadie se preocupa por plantar unos cuantos árboles, pues estos darían humedad protegiendo así el fluido de agua, y tambien podia contribuir a preservar el oxígeno del aire que es vital para la sobrevivencia de todo ser sobre el Planeta, todos sabemos muy bien que la deforestación en el mundo, es fatal y por lo tanto sería deber de toda persona ver por la conservación de las areas verdes que aun existen, es una lástima que a esta hora nadie se preocupa por nada, yegarán días en que lamentaremos la falta de consideración, que todos hemos tenido para proteger el mundo que se nos dio, y nos fue dado con vida abundante para cuidarlo y protegerlo, y no para llevarlo a una destrucción total que será muy próxima, si no se actua con rapidez y eficazmente, dentro de las normas que puedan considerarse de suma importancia.

Hay momentos en que parece que el ser humano, mas se interesa por las nuevas tecnologías, y esta bien pero dentro de esos estudios que se hacen para poder lograr una técnica que nos lleve a lograr los triunfos deseados, tambien se podía incluir la idea de evitar las materias de contaminación que puedan destruir, los logros que otros interesados por el bien universal y en especial el Planeta, porque se estaría actuando como seres de una moral egoísta, desechando la buena voluntad de los otros.

Es horrible la cantidad de seres humanos que a diario mueren, y mueren muchas veces sin saber cual fue el origen de su enfermedad, claro que hay una explicación debido a lo que se esta observando, las moléculas negativas y positivas vienen de todas partes, y es así que aparecen enfermedades de las que no se tiene ni idea de su nombre, y como lógica; hay que gastar millones de dólares, en busca de el o los virus responsables de dichos males, y muchas veces cuando se encuentra el antídoto, o la vacuna para controlarlo ya es demasiado tarde, a parte de los millones de niños y adultos que a diario mueren por falta de alimentos, qué es lo que pasa, nuestra madre naturaleza ya no tiene la misma cantidad de vitaminas y minerales de antes, pues el ser humano lo extermina con el fuego y el humo, que a diario emana de las incineraciones que se hacen, aprendamos a ver mas hacia el futuro y cada uno pongamos un poco de interés,por el bien comun, actuando como seres civilizados, que los beneficios aunque sea a largo plazo se veran un día, los seres humanos nos guiamos siempre por lo todo cuanto deseamos hacer, muy bien, pero no pensemos en lo que podamos hacer mañana, sino mas bien qué podemos hacer hoy que ya mañana, yegará con su cargamento de inquietudes y de sorpresas, y lo importante es aprovechar nuestra existencia con la idea del minuto y el segundo, ahora, pues muchas veces nos podemos quedar con las cosas a medias, si tenemos hoy una

buena idea, porque no compartirla con los amigos y gente
que nos rodea, sin yegar a tener siempre el egoísmo que nos
caracteriza, la idea fue mia, pues que se haga grande por
medio de mi compartir con los demas, es increhíble como
nos sorprenden esos reportages, en los canales de Televisión,
cuando nos enseñan qué composición tenía nuestro Planeta
en el principio, y podemos caer en la tentación de pensar que
así como se fue formando, lleno de su propio oxígeno y dando
vida a seres vivos, tambien hoy pueda darse un cambio donde
el mismo universo pueda deshacerse de tanta contaminación,
sin causarnos daño, no esperemos ese milagro, que ya eso es
historia y se encuentra escrito en muchos libros, que muchos
científicos se han esmerado en plasmar en papel, tanto
misterio de nuestro mundo que ha tenido tanta cosa buena,
para nuestro subsistir y beneficio y que hoy todos estamos
hechando a la basura, ya basta, aquí es donde se debe pensar
en ese mañana, porque los que vienen detrás de nosotros,
sufrirán las consecuencias de nuestra negligencia, muy propia
de nuestra parte por supuesto, porque sabemos que no somos
perfectos, pero no nos cuesta poner un poco de nuestro
tiempo, y saber cuanta falta hace nuestra contribución a la
salvación de nuestro Planeta, creo que cada uno de nosotros,
podemos hacer mucho pero el problema es comenzar a poner
de nuestra parte, y dejar de ser egoístas en nuestros proyectos,
en la actualidad y especialmente en el Continente Americano,
se quema lo que sea no importando la cantidad de humo que
esto ocasione, y algo mas serio cuando alguien se le ocurre
tirar fuego en areas de alto riesgo, en que los bosques y
montañas con vegetación inflamable, se consumen sin parar
a causa del viento que sopla intensamente, y que después
esto se convierte en incendios de grandes proporciones,

tenemos el ejemplo de la región de California en Estados Unidos, hay una mayor cantidad de estos incendios, que son causados por grandes descargas eléctricas de la Atmósfera, que esto pues no lo puede prevenir nadie, pero tambien hay negligencia humana que se encargan de dejar fuegos, que después de servirse de ellos no los apagan como es debido, y después con el viento vuelven a activarse y forman grandes desastres forestales, aunque a muchas personas estos actos les divierte, pero hay que darse cuenta que son actos delictivos, estos y muchas mas cosas veremos con el tiempo, que lamentablemente ya no se podran controlar y es hoy que se debe actuar, y que sea de manera positiva comenzando en las familias, donde se debe enseñar a los niños las buenas costumbres para que todo lo que se hace, sea en pro de la ecología y de esa manera se construirá en lugar de destruír, asi como se ha logrado ya casi controlar el humo del Tabaco, que ha ocacionado tanto daño no solo al fumador, sino tambien y mucho mas a las personas que nos rodean, quienes inhalan lo peor de la Nicotina y se ve muy bien, que el ser humano es una especie que se adapta fácilmente, tanto a las costumbres buenas, como tambien a las malas, porque hoy se nota que en todo el mundo se apoya la desición de las autoridades de Salud, a controlar el uso del Tabaco tanto en los lugares públicos, como en las familias, eso ayudará mucho a que las personas puedan tener una salud mucho mejor, es lógico que se necesita mucha colaboración de todos y que tambien exista el respeto hacia los demas, hoy en el mundo mueren cientos de seres humanos debido a la enfermedad causada por el Tabaco, se hacen grandes reportajes invitando a la gente a hebitar el uso de tanta droga que existe, pero hay quienes se encuentran con problemas muy arraigados, imposibles pero no difíciles de corregir, lo importante sería poner de nuestra parte un poco de interés y actuar de inmediato, los días y los años pasan y si no se actúa de inmediato nos estaremos destruyendo nosotros mismos.

CAPITULO, III
(BASURA Y DEMAS DESHECHOS,)

En la mayor parte de los países, ya existen normas que de alguna manera contribuyen a mantener la limpieza, tanto en lugares públicos como privados, pero el problema es la falta de colaboración de sus ciudadanos, pues existen muchas maneras de ser solidario, incluso se puede comenzar con la habitud de poner en el bolsillo, una pequeña bolsa plástica cada vez que se salga para hacer cualquier deligencia, y comenzar viendo la basura que encontremos, y luego que encontremos un recipiente que por lo general, se encuentran en todas partes las ezquinas, las plazas, centros comerciales y lugares públicos, dejar allí nuestra bolsa y si esto lo hiciese cada ciudadano, no habría ningun problema con la basura en las calles, estaríamos todos contribuyendo a tener una ciudad, un pueblo y una casa mas limpia para así no dar lugar a construír los tremendos basureros, muchas veces nos comemos una fruta, y comensamos a buscar un rinconcito donde botar la cáscara, o semilla de la misma y cuando vemos un lugar apropiado, allí la dejamos es así como se comienza a llenar de basura por todas partes donde pasamos, debemos ser concientes de que los humanos a pesar de pertenecer al tipo de animales racionales somos los que mas basura dejamos por donde estemos, y especialmente la basura que se compone de material plástico, es importante continuar con la idea de colectar toda materia que sea reciclable, y al mismo tiempo dar ese ejemplo para que nuestros jóvenes opten por seguir la misma habitud, de esa manera estaremos contribuyendo con salvar nuestro mundo, y sobre todo evitar que nuestras reservas de agua que aún nos quedan, puedan servirnos mas tiempo porque de lo contrario, estaremos yegando a una catástrofe inevitable, ya con los deshechos regulares de viviendas y Restaurantes, se estan haciendo prosesos de transformación que daran algun beneficio, porque no solo se estan transformando en abonos orgánicos, sino tambien hay una transformación de gases que contribuirán a remplasar los derivados del Petroleo, como tambien el hecho de los Páneles Solares, que hoy se estan poniendo al servicio de miles de famias en el mundo, es algo que debemos aprovechar especialmente en los países donde la luz del Sol, tarda mas de diez horas tiempo suficiente para cargar los acumuladores de energía Solar, esos son los programas que debemos aprovechar de la ciencia, que hoy avanza a grandes pasos para darnos la oportunidad de mejorar nuestro sistema de vida, con esta oportunidad ya se puesde preparar un futuro mejor a aquellos que nos preceden, sin egoísmo pensando en los jóvenes que son los que padecerán las consecuencia, de nuestras malas costumbres y tambien pensando que son la esperanza del futuro, un futuro incierto si nadie se preocupa de hacer las cosas como debe ser, haciendo y tambien invitando a los demas a trabajar por un mundo mejor, hace muchos años que la humanidad piensa mucho en el fin del mundo, pero nadie se ha puesto a pensar en lo que se puede hacer por salvarlo, es ovio que todo tiene un comienzo y tambien un fin, la verdad es que hoy se debe pensar lo bello que es la vida, y como se puede ser feliz poniendo de nuestra parte lo que sea, para poner todas las cosas en su lugar, y hacer que aquellas que tienen un interes negativo, se conviertan en algo positivo para el bien popular, sin ninguna clase de egoísmos que vayan en contra de nuestros buenos objetivos, en la mayorparte de países se ha yegado a restringir, si no del todo casi en su talidad el consumo del Tabaco, tomando en cuenta el daño que el fumador se hace, que se vé palpablemente en la aparición de cáncer Pulmonar, a causa del consumo de la Nicotina, que causa muertes de cientos de personas cada año, sin embargo dentro de los adolescentes hay curiosidad por ver tales efectos, y es mas muchos padres de familia dan el ejemplo, de los malos hábitos de los que a veces se arrepienten pero tarde, muchos jóvenes y tambien adultos ocasionan grandes estragos, cuando por encender un cigarrillo tiran la lumbre en cualquier parte, dando lugar a los grandes incendios ocurridos en lugares donde existen bosques con materia inflamable.

Un Sacerdote decía, cuando hables, piensa antes lo que vas a decir, y no hables y piensas después, lo mismo se debe hacer con eso y pensar en las consecuencias, antes de tirar el fuego y no después cuando ya es tarde, se estan anunciando grandes catástrofes y se hace caso omiso, hoy tambien existen grandes empresas que se encargan de el Reciclage de los deshechos, ya hay mas opción de poder contribuír con esos empresarios a resolver el problema de basura, la vida que el ser supremo nos há regalado es bella, aprendamos a vivirla felices con todo lo que se nos pone a nuestra disposición, y sin egoísmos luchemos porque nuestro mundo tenga mas vida, y sea saludable para toda persona que ame las bellezas que hasta hoy nos ofrece nuestro planeta, ya basta de leer Horóscopos y visitar adivinos, que eso es pura charlatanería barata lo que puede pasar, es que toda persona que crea en eso termine trastornada, y es eso lo que hace que nadie ponga interes en cooperar en algo, para el bien popular pues hay cantidad de personas hoy en día, que lo que mas les interesa es el hacer toda la cantidad de dinero que sea necesaria, sin darse cuenta que nadie se lleva nada, el último día solo se lleva un traje y ni siquiera dos, mucho menos cosas materiales y lo único que estan haciendo es dejar litigios familiares, piensan que el mundo llegará ya a su fin, y si fuese así, eso no lo compra ningun dinero es lamentable pero cierto, ya es hora de que pongamos de nuestra parte para salvar nuestro Planeta, a donde iremos a parar viendo solamente lo que nos interesa a nivel personal, da mucha lástima ver que el ser humano hoy solo piensa en el tener, sin pensar en dar algo a aquellas personas que tanto necesitan de nuestra ayuda, el mundo viviente se esta convirtiendo en una competencia del tener y nada mas, a veces se toman decisiones muy erroneas pensando que tenemos el mundo en nuestras manos, pero se nos olvida que el único dueño es quien lo creó todo, en muchas ciudades y paises se tiene la mala habitud de tirar, dentro de los deshechos comunes hasta los animales que se mueren, sin pensar el daño que se hace al mismo ambiente, cuando la solución es mas fácil de lo que nos imaginamos, toda clase de animal muerto la mejor manera de deshacernos de ellos es, enterrándolo que la naturaleza se encarga de hacer su trabajo, porque hay lugares donde ya no se puede ni respirar, porque el aire que existe se encuentra pestilente por tanta contaminación, y las autoridades tanto legislativas;

como municipales hacen caso omiso de lo que pasa, los mismos ciudadanos se encargan de destruír aquello que nos hace falta en grandes cantidades, el oxígeno especialmente para la niñéz que viene detrás de nosotros, estan sufriendo y estan condenados a sufrir mucho mas, hoy se menciona en las encuestas Internacionales, la pérdida de salud especialmente en las capitales de casi todos los países, por la falta de estructuras o leyes de los gobernantes, por la gran concentración de gente que vive todo el tiempo emigrando de las areas campesinas, hacia la capital de los países que yegan con la idea de cambiar su vida, y optan por quedarse en los lugares vacíos que encuentran, sin importarles, quien es el propietario, a lo que los gobiernos ya no encuentran que hacer con esa gente, y es otra cosa a la que contribuyen los Derechos Humanos, protegiendo a los que allí se quedan y las autoridades se ven obligadas, a concederles el derecho de vivir aunque sea en un pequeño espacio, lo que comunmente llaman (acentamientos) a los que no pueden tener una estructuración, de calles, luz Eléctrica y mucho menos canalización de agua potable, el principal problema son tambien los drenajes y desagues, allí es donde comienzan a desarrollarse los problemas de contaminación.

Es normal que de esa manera jamas los gobiernos puedan poner reglas administrativas, pues nunca yegaran a tener sus números cívicos, y por eso las críticas de los países amigos que se pueden tomar como consejos, pues es un claro ejemplo de descontrol urbano, los gobiernos deberían actuar de inmediato viendo que las ciudades crecen mucho en población, y desde luego necesidades ocacionadas por las aglomeraciones, donde ya ni la cantidad de agua potable existente es suficiente, para las necesidades de sus habitantes, los que tambien se ven obligados a utilizar grandes recipientes para mantener el agua, la cual después de permanecer estancada, se transforman en verdaderos criaderos de larvas las que al reventar se convierten en mosquitos,

Portadores de enfermedades contagiosas como la Malaria, y muchas mas enfermedades que causa la contaminación, a estas alturas los seres humanos hemos contribuido a todos los cambios, que hoy sufre nuestro planeta y es una necesidad actuar muy en serio, y de carácter urgente pero ahora, no solo hacer planes para que otros lo hagan, cuanta gente muere a diario por enfermedades que ni siquiera se conoce su nombre, debido a diferentes virus muy desconocidos.

CAPITULO, IV
(INTERES, DE DIRIGENTES).

Hoy la mayor parte de dirigentes Políticos en todos los países del mundo entero, tienen puesta la mente antes de ser electos por el pueblo, solamente en intereses personales y a nivel familiar, y no existe nadie con intereses altruistas, que puedan sacar adelante las necesidades ciudadanas los que han puesto su esperanza en mejorar las condiciones de la sociedad, cuando dieron su voto a dichos candidatos pensando en un futuro mejor, en sus condiciones como ciudadanos a las que todos tienen derecho, siempre se piensa en los derechos de hacer y deshacer, pero jamas en las obligaciones que se tiene como parte de un pueblo, que se debe al actuar de sus ciudadanos para tener la opción de prosperar, nuestro mundo está perdido debido a que la actitud de los pueblos indisciplinados en todo sentido, hace creer que nadie le preocupa poner de su parte para salvar tanto el ambiente, como la naturaleza que se esta deteriorando cada dia, y ademas de la negligencia humana, tenemos hoy la respuesta de la misma naturaleza, la cual está respondiendo con grandes erupciones Volcánicas, como se ha visto en el norte de

Europa que no solo esta causando estragos en las emprezas de transporte Aereo, si no que tambien a nivel ecológico y lo cierto que allí no se puede hacer nada, pues no existe manera de poder contrarestar los estragos que la actividad natural ocaciona, sin embargo en algunos países se esta demostrando, que cuando se quiere se puede hacer mucho bien a nuestro mundo, se ha visto que la plantación de nuevos árboles puede aumentar la afluencia de vertientes de agua, y si esto es un hecho que esperamos para poner manos a la obra, asi como este año se celebra el día de la tierra, asi se seguirá celebrando y tambien muchas personas y hasta dirigentes de los países, haran el teatro de pedir perdón a la madre Naturaleza, pero veamos que programas positivos han aportado al Planeta, seria necesario que dichas personas demuestren pero con hechos, lo que ellos aportan como parte de su inquietud por salvar el medio ambiente, si se pasan autorizando a las grandes compañías de explotación minera, las que nunca respetan las normas de saneamiento ambiental, y sin tener ninguna clase de sanción de parte de las autoridades encargadas de la protección del ambiente.

Hace poco el Vice-rector de la Universidad Rafael Landivar de Guatemala, dio un informe en el cual hace responsable a toda la sociedad en general, de la muerte en si de los auges ambientales especialmente de agua y con mucha razón, pues es la sociedad mal educada la culpable de la mala costumbre de hacer de los Rios, Lagos y parques un botadero de basura, motivo por lo que la cantidad de agua en el Planeta se esta consumiendo, y con una rapidez increíble tambien el señor Farraté, Ministro de ambiente tambien mencionó un punto muy importante, como lo es el crecimiento poblacional en todos los pueblos, especialmente en Latino America hace algunos años se han olvidado del tema del control de la Natalidad, y eso es un tema que tambien se debería tomar muy en cuenta, son las cosas que mas atención debian tener, puesto que nuestro mundo en vez de tener un color verde, se esta poniendo de un color amarillo y obscuro creo que se debe tomar este asunto muy en serio.

Con ese gran amor que el creador nos ha entregado nuestro mundo, y nosotros lo tratamos con mucha falta de respeto, hay pruevas de cuanto deshecho estamos botando a diario en los manantiales muy bellos de los que se adornan muchas regiones turísticas, de las cuales viven miles y miles de personas en el mundo, ya es hora de hacer algo positivo para que pueda gozar toda aquella generación que viene después de nosotros, y los que tambien tienen el derecho de disfrutar como los futuros ciudadanos del mundo, quienes serán nuestros herederos y que soportaran o disfrutaran lo bueno, y lo malo que dejemos quienes seremos los únicos responsables de la calidad de lo que dejemos, para provecho de la nuevas generaciones del futuro.

Aunque en estos momentos trabajemos muy duro para la limpieza del ambiente, será muy difícil pero no imposible lograr un equilibrio ambiental adecuado, es necesario ser positivos y pensar nada mas en todo lo bueno que se puede hacer, pero actuando sin tardanza y decididos a poner en práctica, todas aquellas ideas que sean de beneficio para la sociedad en general, hoy con los gobiernos de turno en todos los países, se esta viendo negligencia y desacato incluso a las ideas y sugerencias que toda la población interesada en el bien comun, dan a conocer tanto por los medios escritos, como hablados y transmitidos en los medios televisivos de todo el mundo, se actua de la misma manera que en las familias se quiere implantar medidas de disciplina, a las que los niños y adolescentes desean no escuchar, por la falta de respeto que existe ya dentro de las mismas, donde los jóvenes imponen solamente sus caprichos y se les olvida que a sus mayores, se les debe un respeto al que se ha pasado a segundo plano, ya las categorías dentro los grupos no existe, porque el padre ya no tiene autoridad en la familia, el Maestro en la escuela ya no se le escucha sin maltratarlo, el Abuelo ya no se le respeta porque ya paso de moda su disciplina, ya los hijos son los que eligen la hora de regresar a casa, y no los padres los que fueron por mucho tiempo los que decidian la hora de volver después de una fiesta, o sea que hoy los Patos tiran a las Escopetas, y es asi como el mundo se esta poniendo de cabeza hacia abajo, si se tuviese consciencia de lo que esta pasando, existiría mas respeto hacia nuestro mundo que esta sufriendo las consecuencias, de todas las monstruosidades que a diario se estan cometiendo, en conclusión; no hay respeto por nada y el ritmo de destrucción es muy acelerado.

El ser humano, se tiene como una especie inteligente de la que se esperan muchas formas de superación, pero hoy si no se pone al servicio de las mejoras específicas para la salvación del planeta, ya vendran muchas lamentaciones se haran demasiado tarde, y el paraíso que deberíamos dejar a nuestros decendientes , será solamente un desastre al que ellos deberan afrontar, cuantas cosas a favor del medio ambiente podíamos hacer en conjunto, porque hoy con la contaminación que existe por todas partes del planeta, se puede constatar en los trastornos climáticos que en los últimos tiempos hemos visto, prolongación de los inviernos, veranos que se vuelven demasiado calurosos y anticipados, sequías en varios lugares del mundo, lluvias que se convierten en verdaderos diluvios, erupciones de Volcanes que no son nada normales, terremotos mortales en muchas regiones del mundo, y el problema es que no hay conciencia de lo que se hace por el bien del medio ambiente, se hacen mas cosas en contra que lo que se hace para evitar tanta contaminación, mas parece que los dirigentes Políticos y gobiernos, no les interesa el desgaste Ecológico que se hace con las leyes de autorización para la explotación de programas, Mineros o extracción de Petroleo, programas que solamente hacen mas millonarios a los jefes de los países.

La falta de conciencia del ser humano lo ha llevado a demostrar la poca importancia, que hoy se le da al respeto al derecho ajeno y popular como pasa en cosas insignificantes, (ejemplo:) en todas las calles de los países donde circulan vehículos motorizados, alguien busca parqueo vé una calle que ya se llega la hora señalada en las pancartas de señalización , que indica la hora de poder parquear los vehículos, esta persona se da cuenta que toda la calle se encuentra vacía, se parquea en una esquina viene otra y se parquea en la otra, luego un tercero en el medio y así cómodamente se comienzan a colocar siempre pensando en la comodidad de salir cuando se vallan, y no importa si parquean dejando espacios de hasta dos metros, se vé muy bien que no les interesa si alguien mas busca un lugar, que muchas veces es por emergencia pues quizás no viven en el lugar, pero todas estas personas jamas se han puesto a pensar en el prójimo, es asi en todas partes del mundo donde el ser humano se rige por el egoísmo, casi se podía llamar un pecado de omisión donde se hacen cosas que se sabe que no esta bueno pero se hacen, hay otros tres puntos muy importantes.

1º.- hoy se cortan árboles por todas partes ya sea porque estorban, porque los quieren utilizar para fabricar un mueble, o simplemente porque desean tener leña para el fogón, pero lo malo es que nadie se preocupa por plantar en su lugar uno, o dos mas para que en el futuro vuelva la tierra a tener una protección contra los fulgurantes rayos solares, que es lo que mas seca la tierra y se va convirtiendo en lugares de desierto

2º.- Es lógico que si los gobiernos pensaran en la protección del medio ambiente, jamas permitirian que los ciudadanos prendieran fuego cuando después de talar grandes bosques, y después que estos se encuentran secos toman la decisión de quemarlos, esto debería ser hasta penalizado por leyes adecuadas, pues la tierra queda completamente desnuda ellos la siembran puede ser por una temporada, pues mas tarde este lugar ya no les produce porque ya se ha quemado lo esencial de los minerales, y la observación debería ser que toda la broza se dajase picada sobre la tierra, y de esa manera no solo se podia aprovechar el abono natural que esta produce, sino que tambien crearía la humedad que se produce, larvas muy importantes para la Ecología y protección del ambiente, pero para eso hay que trabajar y es lo que hoy se trata de evitar el trabajar mas porque nos gusta que todo sea con toda la comodidad posible y sin esfuerzo.

En estos momentos se esta viendo la gran irresponsabilidad con que actúan las grandes empresas, desde luego multimillonarias las que hacen contratos con sus socios, que tambien son inversionistas muy fuertes donde no se miden las consecuencias, la falta de respeto hacia la Ecología que estas personas muestran, derramando grandes cantidades de Petroleo en los océanos, donde no miden las terribles consecuencias que estos descuidos pueden ocasiona, en el medio ambiente matando enormes cantidades de la fauna Marina, y mas aun castigando así a tanto ciudadano que con tantos sacrificios mantienen a sus familias, viviendo de la pesca y otras muchas actividades que pueden hacer en el Mar, y eso sin contar la cantidad de años que puede llevarse la descontaminación de las aguas dañadas, que pasara mucho tiempo para yegar a la normalidad, el gran desafío es lograr que estas personas puedan comprender cuanto daño se está ocasionando, pues a ellos únicamente les interesa sus grandes ganancias, pero me imagino ahora deberan desembolzar tambien grandes cantidades de fondos para reparar este daño, que ante la mirada del mundo es enorme y de gran inpacto.

CAPITULO, V
(AVANCES DE LA CIENCIA,)

Lo que hoy há logrado la ciencia es importante, pues es bastante agradable ver como todo lo que antes se componía de substancias Químicas, por cierto muy desagradables hoy se esta cambiando por substancias Ecológicas, muy efectivas para cualquier uso que se le quiera dar ojalá se siga trabajando con estas mismas ideas, y asi lograr una verdadera desentoxicación a nuestro Planeta, mucho se esta trabajando con los deshechos para la transformación de abonos y reciclages los que nosotros mismos podemos usar, y contribuir con el buen uso de todo aquello que tenemos al alcance de la mano.

Es sorprendente ver como muchos deshechos hoy se transforman tambien en muy buenos combustibles, asi como los gases que son contaminantes que se les pueda dar un mejor uso, en la actualidad no se está reciclando ni el cuarenta por ciento de todos los deshechos en el mundo, pero es bueno que se le ponga mucho mas enteres sabiendo que esto contribuye a la limpieza del ambiente, o queremos terminar con todas las bellezas que se nos ha dado, comenzando con que hoy casi no existen frutos a los que no les aya causado un problema las plagas, que ya las personas que trabajan en la Agricultura, no encuentran con que erradicarlas porque son mas y mas extrañas, o quizas inconocidas que no se pueden combatir y se lucha por todos los medios sin resultados, la salvación del ambiente debe ser una lucha personal, donde se hay que olvidar toda clase de prejuicios que obstruyan el trabajo de reconciliación con el mundo en que vivimos, por ejemlo; envidias, egoísmos y venganzas que solo logran la destrucción de lo que se quiere para el bien común.

Pensemos lo que nosotros tenemos, y que nos fue dado para compartirlo con nuestros semejantes, como las flores nacen en la Primavera que ya parece que alguien les hubiese puesto sus colores y formas muy variadas, es algo para admirar y reflexionar que solamente el poder de un ser superior que ha formado todo lo puede hacer, es maravilloso como se forman de diferentes formas y colores, la misma naturaleza con sus Insectos que ayudan a descontaminar el ambiente, como la Lombriz de tierra que no solo contribuye a eliminar cuanto deshecho encuentra, sino que tambien ella produce mucho fertilizante ecológico, pero todo eso quizas un día pueda desaparecer, nuestro mundo tiene aún muchas cosas que no se han descubierto, y que antes de descubrirlas se esta terminando lo que hoy tenemos para subsistir, si los dirigentes de los países tomaran medidas de colaboración, hacia los ciudadanos que los han elegido seria muy importante colaborar con ellos, especialmente aquellos que radican en el interior de los países, y darles oportunidad de que puedan explotar sus tierras, haciéndolas producir lo máximo por medio de fertilizantes adecuados, mediante estudios de los suelos por medio de Peritos expertos en la materia, hoy nos encontramos con grandes problemas de desnutrición en

casi todo el mundo, precisamente por que los alimentos se
escasean no por falta de tierras que sembrar, sino por la falta
de cooperación de los que pueden no solo instruir, pero dar
ayuda para el desarrollo de las grandes masas, que buscan
sin encontrar la manera de poder tener una producción mas
conveniente, y es de allí que se comienzan las envidias y
egoísmos que los mas poderosos, se aprovechan para explotar
al mas débil logrando tener lo que le há costado tanto trabajo,
por miserables cantidades de dinero de lo que no obtiene ni
los gastos de explotación, pero no le queda otro camino que
caer en el chantaje de los mas adinerados.

El ser humano es capaz por naturaleza de hacer grandes
cosas, para beneficio de su comunidad y mucho mas, pero en
estos momentos los intereses son muchos, pues todos
pensamos que todo aquello que hemos adquirido en el
caminar de la vida, nos lo pondrán de equipaje el día que
dejemos este mundo, pero en realidad nadie nos ha regresado
a explicar lo que es bueno, y lo que no lo es para ese viaje y
pienso que nos vamos como vinimos y nada mas, perdón si
alguien piensa diferente pero la verdad es una lógica, polvo
somos, y a el volveremos sin mas ni menos, que la vanidad
pueda ser que alguien la disfrute pero será a su manera, la
tranquilidad de espíritu nos yegará el día que todos
aprendamos, a lograr sentir la satisfacción de haber hecho un
poco de bien a los que nos rodean, y las actitudes positivas
que tengamos hablaran por si solas, ahora volvemos a nuestro
Planeta que es el tema principal de este documento, de todos
los elementos contra el ambiente desde el comienzo del
mundo, tenemos nada mas el fuego que los seres primitivos
lograron alumbrar, por medio del frote de piedras y madera
donde pudieron conocer la ventaja del cocimiento de los

alimentos, y esto quedó para la eternidad debido a que con el fuego se hacian muchas cosas, que se utilizaba hasta para hacer muchas señales comunicativas, y hacer tambien las primeras pinturas utilizadas para la marca de sus objetos, como utensilios de cocina y muchos mas lo que finalmente no podía causar tanta contaminación del ambiente, únicamente el humo que es contaminante hasta hoy en día, pero existen ya cantidad muy grande de materias que contaminan el ambiente, que ya son hechas en vase de muchos descubrimientos científicos los que nadie ignora, de nuevo volvemos a la responsabilidad que el ser humano debe tener, en su comportamiento y manejo de sus costumbres, vemos en las ciudades, pueblos é incluso en las carreteras, que con frecuencia las personas se deshacen de basura que muy bien podían guardar, y en el momento oportuno dejarlo en un recipiente que sea para su recuperación, pero esa falta de conciencia hace que se convierta en un ejemplo nada educativo para aquellas personas que nos ven, pues como vemos que otros lo hacen pensamos que debemos seguir haciendo lo mismo, aunque estemos haciendo un daño enorme en los lugares donde nos encontramos, en tiempos que las personas fumaban mucho, pues se tenía la idea de mantener los antiguos (Ceniceros), pero al comenzar a prohibir o aconsejar el dejar de fumar, los parques, calles y rincones un poco ocultos se han convertido en verdaderos basureros, donde cantidades de colillas de cigarrillos se tiran a diario, falta de conciencia tambien de quienes aún mantienen esa habitud. Nuestro mundo cada día necesita de nuestra colaboración, debido a que se deteriora cada ves mas por la contaminación, y vemos que nuestros Ríos, Lagos y las fuentes de agua se agotan y todo se convierte en lugares desérticos, pero como que nada nos importa aunque nos estemos acostumbrando ya a las famosas botellas de agua, y cada día suben de precio pero la necesidad nos hace consumirlas, y por lo tanto la inflación continua sin parar, es normal que a nivel mundial este fenómeno somos incapaces de controlarlo, pero si cada uno ponemos algo de nuestra parte, podemos contribuír a salvar en parte las maravillas que nuestra madre Naturaleza, nos ofrece y que Dios ha puesto en nuestras manos desde el principio de la creación, hoy en el mundo entero seres humanos mueren de sed, de hambre por falta de recursos pero los que tienen todo eso no lo ven, pues no alcanzan a ver más allá de sus intereses personales, y los animales tanto domésticos, como salvajes o se mueren o se vuelven mas agresivos por la falta de un mundo mas verde, que les ofrezca todo lo necesario para su subsistencia, pues aparte de el predador mas feroz que es el ser humano, tenemos el hambre que se convierte en otro enemigo capas de terminar con todo ser viviente, según los estudios que hasta hoy se han hecho, hay la posibilidad de que al continuar nuestra manera de vivir en los años 2030-40, los recursos naturales con que cuenta el planeta, estarán ya en un 28%, para una población que pasará de los 5.5 billones de habitantes, es alarmante puesto que hoy estamos en un 52%, las reglas matemáticas no fallan y es hora de ponernos la mano en la conciencia, porque aunque miles y millones de los que hoy vivimos ya no existiremos, es posible que alguien de nuestra familia, pueda vivir esa catástrofe que el futuro el que nosotros estamos construyendo, sea muy lamentable debido a que no queremos ver a aquellos que vienen detrás de nosotros, hoy aunque la ciencia se encuentra con los máximos y exitosos descubrimientos, aun no se logra una técnica adecuada para contener los flujos del oro negro en los océanos, y de allí el enorme daño que estas negligencias ocacionan a nuestro mundo, en el que no sufren solamente la humanidad, sino tambien todo ser viviente a lo que tambien se agrega los desastres Naturales, pero es debido a la falta de conciencia, que ya solo se tiene la mente puesta en hacernos ricos multimillonarios, no importando cual sea el precio a pagar por los daños, por culpa de estos desastres hoy en el mundo hay millones de personas, que se encuentran sin pertenencias, sin un trabajo, sin un techo y por lo tanto sin alimentos lo que degrada más la situación, estos fenómenos ocasionan que los padres de familia ya no puedan enviar a sus hijos a la escuela, pues a veces los hacen trabajar a muy temprana edad, porque tambien ellos deben cooperar al mantenimiento de su hogar, de esta forma vendrá un futuro sin profesionales o personas preparadas que puedan sacar adelante tanto las empresas, como los negocios, la agricultura lo que ya se nota hoy con la emigración de las personas que radican en el interior de los países, que deciden mejor viajar hacia las capitales y tratar de vivir de la manera que puedan, pero lo peor que sin preparación estos individuos al verse en una situación peor que la que tenían, deciden dedicarse a la delincuencia y malos pasos con tal de sobrevivir, pienso que este es un fenómeno mundial, pues esto radica en la poca atención que los gobiernos prestan a la población que vive en pueblos, caseríos y aldeas del interior de los países donde vemos que sus Escuelas se deterioran, y estas personas se quedan a veces sin un techo donde asistir a recibir sus clases, y prepararse para afrontar todas las inclemencias de la escasez de empleos renumerados, que los ayude a tener una mejor vida tanto ellos, como tambien sus familias, porque la falta de preparación y trabajos decorosos, los hace comprometerse con familias a una muy temprana edad, y a veces sin medir las consecuencias que estos actos tendrán más adelante, y de esta manera les llega la desesperación a tal manera, que deciden muchos de ellos, emigrar a otros países donde según parece tienen mas oportunidades de sobrevivencia, y debido a la misma ignorancia llegan a pensar incluso que el botar basura por todos lados, es cosa que todos lo hacen, y por lo tanto no es nada grave a pesar de las grandes consecuencias que tiene la negligencia, en todos los sentidos pues el medio ambiente se contamina muy rápido, y esto es a causa de la poca importancia que se le da a lo que parece normal, seamos conscientes en estos momentos hay individuos, que tienen a propósito basureros con la idea de hacer plantaciones de Champiñones, o sea Hongos comestibles que las diferentes basuras producen, pero al fin este proceso parece que no deja tanta contaminación, pero que pasa con tanto deshecho que se vierte en los Ríos, en los Lagos incluso dentro del mismo Mar que se encarga por si mismo de expulsarlo, a pesar de tanta negligencia del ser humano, y que ya no le importa las consecuencias que estos actos irracionales puedan ocasionar, se sabe que en el continente Americano aún existe el mayor porcentaje de agua potable, que ya no hay en otros continentes donde incluso la población se há duplicado y hasta triplicado, sin embargo creo que es tiempo de poner alto a todas nuestras malas costumbres, como por ejemplo el desperdicio del agua que se usa en cantidades exageradas, é inapropiadas cuando se usa hasta para lavar zapatos, autos y jardines donde se puede muy bien programar el uso del preciado líquido, que muy pronto nos comenzará a faltar, por ejemplo en las grandes ciudades donde existen cantidad de

Hoteles, en los que se vé la cantidad de agua que hay para los servicios, y que en las colonias que rodean las ciudades existe escasez, hoy en ese caso esperamos que el grupo de los Derechos Humanos que se estan instalando, en todos los países sean un apoyo para ver la igualdad con que se distribuyan esos servicios, sean equitativos porque en primer lugar son patrimonio de la humanidad, y por lo tanto deben ser utilizados por todos los seres vivientes, el ser humano debe considerar muy por arriba de todo el daño que hoy causa, el no tener conciencia de lo que hacemos, por ejemplo lo que tiramos o incluso usamos como el tener un Automóvil, especialmente si este ya tiene de uso unos veinte años o mas y queremos seguir usando, no importa la cantidad de humo tóxico que dicho motor expulsa, y lo que nos interesa es que nos lleve a donde queremos y nada mas, hoy todo tiene un precio porque si en el lugar donde nos ubicamos, tiene un servicio de transporte debemos usarlo porque al fin viajamos mas confortables, con menos riesgos y seguros que nos lleva a donde queremos viajar.

CAPITULO, VI
(SERVICIO Y DEBER.)

Lo importante de nuestro actuar cotidiano sería el tener conocimiento de todo lo que deseamos hacer, y lo más importante conocer todo aquello que existe en nuestro mundo, pues existen personas que no conocen ni lo que la naturaleza produce, y es allí donde nunca nos preocupamos por darle la importancia, a lo que podía ser la contribución a conservar lo que en un futuro nos hará falta, comencemos con lo que son las plantas que a veces brotan en nuestro jardin, si las conocemos nos daremos cuenta que podemos ver si el lugar donde se encuentran, no es un lugar adecuado donde pueda crecer y desarrollarse, trataremos de ver como la transplantamos del lugar a otro lado donde si quede bien, y al mismo tiempo crezca y de esa manera se convierta en una planta o un árbol útil, y que después nos proporcione el oxígeno que tanta falta nos hace, la falta de conocimiento nos hace que a veces no veamos las realidades que a diario encontramos, y cuando cortamos la hierba de nuestro jardin, nos preocupamos por tratar de sacar todo lo que encontramos, y sin ver que podemos arrancar o destruir un árbol que después nos puede cobijar con su sombra, al mismo tiempo comenzamos a rosear con cantidades exageradas de agua, sin pensar en el desperdicio que hacemos y la necesidad que creamos, la Naturaleza es tan perfecta que nos da los insectos, pájaros y muchos animales volátiles que transportan la semillas a largas distancias, y luego germinan en todos los lugares con el resultado de que encontramos cipreses, cedros, acacias, pinos y tanta clase de maderas que hoy se han exterminado a causa de la falta de conocimiento ecológico, y asi existe mucha clase de arbustos que sin conocerlos los podemos destruír, por eso es muy importante que desde la familia se muestre y enseñe a los niños, toda clase de árboles y vegetales de lo que esta poblada la tierra, y que la Naturaleza produce para el uso y protección del ser humano, debido a los avances que la Ciencia en estos momentos esta alcanzando, para el bien y tambien el mal del desarrollo ecológico, económico, técnico, industrial y tambien ambiental, esto contribuye al estancamiento pero tambien el avance a pasos agigantados de la era moderna que se vive en estos momentos, hay tanto adelanto que tambien se estan ocasionando desastres naturales, los que no se habían previsto o sea prevenido, es así que el mundo se salvará de acuerdo a la conciencia que cada individuo tenga o aporte, porque los seres humanos estamos viviendo como un enjambre en un panal de abejas, que si cada uno hacemos nuestro trabajo con conocimiento de lo que estamos construyendo, lograremos que todo ese cuerpo que se formará conjuntamente sea una obra de arte, de lo contrario haremos una construcción torcida, y con ángulos muy contrarios a los que se tenían en mente formar, y el momento menos pensado esto se destruirá, las nuevas generaciones deben encontrar algo de historia que sea un bello recuerdo de los que ya pasamos por este mundo, no esperar que nos hagan una estatua de reconocimiento, pero que sean bases sólidas de lo que nosotros agradecemos al creador de todo lo que existe, y de lo que pudimos vivir en nuestro paso por este mundo, seamos concientes de que el servicio a los demas, es un regalo que recibimos en nuestro interior que nos dará una satisfacción incomparable, de hecho ya cuando hacemos un pequeño servicio con amor, estamos sintiendo la sensación de paz que es el premio por nuestra bondad, y si actuamos con todos los que nos rodean de la misma manera como si fuesen de nuestra familia, recordemos que esto tambien es un ejemplo muy acertado que damos a los ojos de los que nos ven, porque si actúo de esa manera es como si viese una planta que se esta secando, pero momentos antes yo estaba desperdiciando el agua, y a la planta que veo secarse no le pongo ni siquiera una gota para que se salve de morir, claro que es una planta pero es el ejemlo de lo que podemos hacer por los demas, y sin ver si esto lo agradecen o no, el caso es que eso no debe importar pues lo que a nosotros nos beneficia, es la agradable sensación de hacer el bien sin importar a quien, porque lo que siente dentro de uno mismo es algo que hasta hoy, nadie ha podido explicar porque no hay manera de hacerlo solo hay que vivirlo, pues siempre tenemos la idea de ver el resultado de nuestros actos, en el momento y no es asi porque los servicios deben hacer su efecto, y despúes se verá el resultado, si la semilla de lo que se siembra tiene un tiempo para germinar, porque primero debe humedecerse y luego comenzar a brotar, todo es cuestión de tiempo pero a veces lo que no tenemos es paciencia, y saber esperar para obtener el resultado de aquello que hemos dado o sembrado, pero como seres humanos deseamos que todo se haga al instante, cuanto podemos aprender en la Universidad de la vida que nos lleva y nos va enseñando, y si ponemos todas nuestras experiencias al servicio de los demas, nos daremos cuenta que nuestro caminar por este mundo ha valido la pena, y que eso que hemos aprendido y compartido nadie nos lo quitará, pero es necesario que nos vallamos de esta tierra devolviendo aunque sea una parte de lo que la Naturaleza nos ha regalado, y la única manera de hacerlo es compartiendo con los demas, experiencias, consejos, los triunfos que hemos tenido, y porque no tambien nuestros fracasos, pues a veces de las malas experiencias sacamos resultados muy positivos, comenzando siempre por los que nos rodean y con los que convivimos a diario, somos solamente una parte de esta naturaleza a la cual pertenecemos, y donde se puede poner a trabajar todos los conocimientos adquiridos a traves de nuestra lucha diaria, cuando se nos presenta una oportunidad de hacer un servicio, y que desde luego estamos en la mejor disposición de hacerlo, no hay porqué poner ninguna clase de objeciones puesto que de no hacerlo, nos estará siempre martillando la conciencia que es la voz del alma, el haber dejado por un lado la oportunidad de servicio que dejamos pasar, es increíble pero las cosas que dejamos de hacer son motivos de dejar madurar tambien la misma contaminación de este mundo, pues cuando dejamos nuestras buenas costumbres de lado, como por ejemplo el ver a un anciano cruzar una calle sin prestarle un auxilio, es dejar que los principios que hemos aprendido se vallan por la borda, dejando que las buenas costumbres se alejen de nosotros y así, se comienza a contaminar el ambiente de solo malas costumbres que al ser humano no le ayudan, y como todas las cosas que no se utilizan para el bien común tienen un inpacto muy negativo, esto mas ocurre en las grandes y pequeñas ciudades del mundo, pues esta muy claro que toda persona que viene del interior de los países, aunque no sean personas de mucha educación o tengan una preparación intelectual elevada, esta comprobado que en ellos existe una moral muy alta que con mucha sencillez, la han adquirido de sus mismas familias quienes actúan con una humildad incapaz de lastimar a los demas, este fenómeno se encuentra a diario que vemos la falta de caridad que existe, porque el ser humano es capaz de juzgar a su antojo sin importar el daño que pueda ocacionar por donde pasa, por eso se dice el refrán, haz el bien, y no mires a quien, pues de esa manera se hace mucho bien y se cosechan satisfacciones muy altas.

La cantidad de buenas obras, no se mide en actos de beneficio personal, porque en este mundo han pasado personajes que jamas han pensado cual será el premio de sus buenos actos, sin embargo el mundo está lleno tambien, de estatuas o bustos que han sido erigidos en su honor, de hecho es una lástima que esas personas nunca han recibido agasajo por su actitud, en vida sino después que han partido para no volver, y en realidad es en vida que dichas personas se deben premiar, pues de esa manera serian mejor ejemplo para toda aquella juventud, que siempre se mantiene buscando ejemplos para seguirlos, desde luego si se dan buenos ejemplos eso será lo que ellos seguirán, y haran cosas mejores aun, porque tambien existe el lado contrario, donde se actua equivocadamente pensando que se esta en lo correcto, aquí nos centramos otra ves en lo que se hablaba antes, si yo tiro basura en cualquier parte hay otros que me ven y estos haran lo mismo y peor, hoy en las grandes catástrofes que el mundo vive, se pone de manifiesto cuanta ignorancia existe en todas partes, y especialmente en las grandes ciudades, las inundaciones mas grandes se registran siempre y por lo general, en ciudades donde la aglomeración de personas es mayor, pues hay desastres que hemos visto en ciudades donde el alcantarillado, ya no es suficiente para absorber y hacer correr todas las cantidades de agua que caen, no

solo las lluvias torrenciales que en los últimos tiempos se han registrado, sino que la acumulación de deshechos obstruye la circulación de líquido, ocasionando abundante acumulación de agua, ya sea llovida o por la insuficiencia de los causes de los Ríos.

CAPITULO, VII
DERECHOS Y OBLIGACIONES.

Cuanto daño se podía evitar, si los gobernantes trataran de poner algo de disciplina a nivel nacional, agregando en las escuelas programas que la juventud podia poner en práctica, contribuyendo con las autoridades de Educación, poniendo en marcha la limpieza de nuestro planeta, pues hay campañas de limpieza de Ríos y Lagos, pero la mayor cantidad de personas niños y jóvenes no se les explica el porque, ni mucho menos las terribles consecuencias que las malas costumbres ocasionan, al ser negligentes con toda clase de deshechos especialmente humanos, que van a parar a los afluentes que han vertido agua limpia, cristalina que es potable y con el tiempo se convierte en algo tóxico, la conciencia a veces nos grita desde nuestro interior, que estamos actuando mal pero en todos existe siempre el no es nada esta bien, aunque estemos notando la diferencia en el cambio a causa de lo que estamos haciendo, cuantas veces decimos; después se arregla otro día lo corregimos, y no es así pues si escuchamos la voz de nuestra conciencia, tambien podemos evitar cosas de las que nos podemos arrepentir mas tarde, si cada uno ponemos un poquito de interes en que todo lo que existe en nuestro planeta, y que esto perdure por mucho tiempo que las generaciones venideras puedan aprovechar, eso se podia llamar tener consideración y respeto por la naturaleza, que es algo que nos pertenece pero que tampoco somos los únicos herederos, ya que detrás de nosotros vienen otras generaciones, con los mismos derechos y obligaciones que los nuestros, leemos noticias en los periódicos, artículos muy importantes en la radio y televisión donde nos enteramos de muchas causas de la destrucción del ambiente, pero como lo estamos leyendo y no nos consta que esto sea verídico, nunca nos interesa si esto de verdad está sucediendo o no, pero tambien nos gusta criticar a las autoridades de turno y pensamos que estas no hacen su trabajo como es debido, pero dónde esta nuestra contribución para que esto se cumpla, si nosotros mismos no nos interesamos para que esta situación se corrija.

Según el interes que nosotros pongamos para la conservación del medio ambiente, así será la contribución que demos al mismo, debido a que siempre pensamos en que nuestros intereses se cumplan primero, y mas adelante todo lo demas, todos los días estamos viendo la consecuencia que tiene la falta de agua, y esto en todas partes del planeta y todos sufrimos el alza de precios en los alimentos, pero casi nunca pensamos en que la tierra ya no produce lo mismo que hace unos cincuenta años atrás, y que el problema es que la falta de agua en el mundo, todos los años se queman miles de hectáreas de bosques, y que se utilizan millones de galones de agua para tratar de apagar incendios, y seguimos gastando el preciado líquido por todas partes, claro son casos de extrema importancia porque si no es con agua, es necesario usar productos químicos y tambien se sigue contaminando el ambiente con materias contaminantes las que tambien destruyen el oxígeno que por ahora nos queda, de todas maneras hay casos de origen natural a los que hoy no se puede tener el control, pero tambien suceden a causa de la negligencia humana que por muchos años se ha actuado sin tener en cuenta las consecuencias, la naturaleza hoy nos está pidiendo cuentas de nuestros hechos, debido a este descontrol ya no está lloviendo sino que se estan viniendo diluvios naturales, y que arrastran con todo lo que encuentran a su paso dejando desastres considerables, pero son estas las consecuencias de tanto descuido de nuestra parte, hoy se anuncia el calentamiento terrestre el que sin lugar a dudas tendrá muy graves y penosas consecuencias, si ya con el desborde de los ríos que ocacionan la destrucción de siembras y viviendas cercanas, y mucho mas puede ser el problema cuando el nivel de los mares llegue a subir, a veces parece que la misma naturaleza como que se quisiese reconstruir por sus propios medios, cuando vemos tantos desórdenes que se forman en la atmósfera, hay momentos que desconsuelan y que al mismo tiempo causan pánico, viendo aquellos nubarrones que se forman, y nos parece que nunca en nuestra vida los hemos visto, pues la verdad es que a causa de los fenómenos causados por olas de calor y al mismo tiempo frío se producen corrientes causantes de Tornados, Huracanes y tormentas que estan causando grandes desastres Naturales que dejan cuantiosas pérdidas tanto materiales, como humanas y que por lo tanto son irreparables, el problema es que nunca pensamos que de alguna manera somos responsables, porque siempre estamos tratando de culpar unos a otros.

La verdad es que deberíamos ser mas responsables uno por uno, de forma individual actuar con responsabilidad, pues cuando eso suceda todo será mejor para la sociedad en general, pero es hoy y no pensar que mañana seré mejor portado, aunque lleguemos a la edad de ancianos nunca dejaremos de ser niños, porque mentalmente siempre estamos pensando como tal, y haciendo daño conciente é inconcientemente porque ya adultos pensamos solo en nuestro bien personal, cosa que no esta mal pero creo que la vida seria mucho mejor, si actuásemos sin ese egoísmo que nos hace tanto mal, porque tambien nos toca la conciencia que es la que nos puede dar la paz mental y espiritualmente, y esto seria lo que llegaría a mejorar las relaciones tanto personales como nacionales, pues es lo que nos separa siempre de los demas es verdad que todos somos diferentes, y por lo tanto pensamos y actuamos diferente, pues somos hechos de manera diferente y tenemos nuestras propias actitudes, racionales por suerte pero la mayor de las veces con mucho egoísmo, muchas veces heredado de culturas a las que pertenecimos anteriormente, y esto nadie lo puede evitar pero si queremos mejorar esta sociedad en la que vivimos, podíamos actuar de manera inteligente y tratar de cambiar algunas de estas actitudes, pero el ser humano, vive siempre tratando de sacar ventaja de todo lo que se le pone en frente, muchas veces es importante ver a nuestro entorno y mucho más allá de lo que podemos ver, y sacar ventaja pero para el bien comunitario allí donde se nos enseñan actitudes de otras culturas, las que crecen dando lo que las demas personas necesitan para su desarrollo, y nos dan ejemplos de solidaridad que nosotros pasamos por alto, pero nos muestran como vivir con responsabilidad, todos tenemos el deber de portarnos como personas con principios y responsables para dar ejemplo a todas aquellas generaciones que vienen detrás de nosotros, es cierto que tenemos el derecho de gozar de todo aquello que el creador nos dejó para vivir, y desde luego lo que nos hace felices haciendo lo que nos gusta, el problema puede ser cuando todo aquello que hacemos nos llena de tanta satisfacción, y nos convertimos en fanáticos de las satisfacciones, y ya no nos importa el mal que podamos hacer, es allí donde deberíamos actuar con responsabilidad sabiendo que tambien tenemos obligaciones, que como seres civilizados debemos cumplir siendo responsables de nuestros actos.

Podía tomarse como obligación por ejemplo; sin llegar a la violencia advertir a las personas que veamos actuando con irresponsabilidad, que cortan un árbol preguntando de buena manera, si ya pensó plantar otro en su lugar, advertir a aquellos que veamos dejando una basura en el piso, que existe una manera de utilizar los recipientes apropiados para el caso, viendo que otros dejan recipientes de plástico en cualquier lugar, cuando existe la manera de ponerlos en lugares que estan destinados para el Reciclage, vemos que alguien trata de verter productos tóxicos en corrientes de agua, o incluso en la tierra porque estos causan gran daño a la misma, tratar de hacer ver el mal que se hace y en especial cuando nuestros niños estan viendo estos actos, pues ellos serán los que actuaran más adelante de la misma manera, tomemos el ejemplo de ellos que por lo general cuando un animal o mascota se les muere, tratan de darle sepultura que este es un gesto de gran importancia en la protección del ambiente, lo peor es que no tendremos ninguna justificación ante ellos puesto que les hemos servido de maestros con nuestros actos, la verdad es que nuestras obligaciones son muchas como humanos o seres racionales, que siempre tenemos una razón por la que hacemos las cosas, somos los actores principales de esta película de la vida, y lo que nos conviene hacer es sobresalir para que la cinta sea de categoría, especialmente si nos estamos proyectando hacia el futuro y queremos que el inpacto sea grande, para el bien de la sociedad en la que vivimos y en la que vivirán los que vienen detrás de nosotros, en este caso hay mucho de que conversar debido a que nos concierne directamente pues somos los protagonistas, y estamos actuando dentro de este mismo rollo la verdad es que nuestras obligaciones son muchas a nivel personal, pues las grandes torres y edificios, se construyen poniendo un ladrillo detrás de otro, una piedra detrás de otra hasta que se llega al final y en la reconstrucción de nuestro mundo, seremos cada uno piezas muy importantes para lograr que nuestro Planeta vuelva a su forma natural de origen.

El sentido obligación, se entiende que no es un mandato al que debemos cumplir por fuerza o por ley, pues si tenemos una mente y unas ideas que cada uno somos por suerte diferente, y por lo tanto razonamos de manera individual y personal, porque si decimos tengo la obligación de hacer lo que me dicta la consciencia, pero tambien el deber que como buen ciudadano del mundo, de acuerdo a las normas que se han creado para el bien comun y beneficio de la sociedad en que vivimos, esta sería una manera de evitar las malas interpretaciones que muchas veces se hacen, de palabras que se nos dicen como un consejo, y que nosotros por nuestra naturaleza humana la tomamos como una orden, nunca olvidemos que todos los días se aprende algo que puede venir de la persona mas humilde, de la cual podemos tener buenas enseñanzas debido a experiencias de su vida, por eso se dice que la vida es la Universidad más grande que nos enseña a vivir de acuerdo a lo que tenemos.

Hoy genios y científicos se encuentran en una competencia, por descubrir la manera de hacer la vida más eficaz y placentera, pero me imagino que eso se encuentra en las cosas más sencillas, y nadie se da cuenta que es allí donde se encuentra la riqueza del saber, y el descubrimiento de todo lo que al ser humano puede hacer del todo feliz, actuemos como personas responsables, y cumplamos nuestras obligaciones con amor y respeto hacia los demas, y aprendamos a encontrar todo aquello que se encuentra escondido en lo más sencillo, y veremos que precioso tesoro nos tiene la naturaleza, y lo único que debemos hacer es verlo con los ojos del alma en el silencio absoluto de nuestro ser.

CAPITULO, VIII
(CATÁSTROFE, O ENSEÑANZA).

Hoy los desastres naturales se encuentran a la orden del día, hay por todas partes del planeta desastres como; sequilla, Huracanes, Tornados, Tormentas tropicales, Terremotos, Tsunamis en los que han desaparecido millones de seres humanos, desde luego estos terribles acontecimientos tambien causan gran contaminación, la que es muy difícil controlar y por lo tanto solo hacer lo que humanamente se puede por prestar ayuda a nuestros semejantes, pero a la manera de comportarse nuestra tierra a veces se podía pensar que trata de Reciclarse por si sola, pues mas parece que hasta su color natural ha cambiado ya a causa de tanta contaminación, en partes del mundo donde hacía seis meses de verano y seis meses de invierno, todo ha cambiado a veces hacen temperaturas que llegan a quemar los cultivos, y si no por la falta de lluvia tambien se pierde toda siembra a causa del exceso de lluvia en la Agricultura, y en partes donde las cuatro estaciones marcan su cambio exacto y a su debido tiempo, donde fue muy frío se ha calentado y donde fue muy caliente se estan observando temperaturas debajo de lo normal, esto es muy difícil de controlar, pero es allí donde viene nuestro trabajo en comun, con la inteligencia que se nos ha dado la que debemos poner a trabajar al cien por ciento, es muy importante colaborar con todos estos ejemplo de solidaridad con el ambiente, hay una gran cantidad de cosas que si tenemos buena voluntad de hacerlas bien hechas, lograríamos con un pequeño esfuerzo contribuír a la salvación de nuestro mundo, a veces parece que lo único que nos interesa es vivir a nivel personal solamente, y no importa lo demas aunque veamos lo que ocurre a nuestro lado, nos estamos comportando como si estuviésemos en una Playa donde hay personas ahogándose, pero como no sabemos nadar, o no son de nuestra familia o tampoco son amigos, nos interesamos muy poco en lo que este pasando, es muy importante que no nos convirtamos nada mas en unos simples espectadores, no dejemos hundirse este barco donde estamos todos en el mismo viaje, y no es culpa de unos cuantos porque es una necesidad que actuemos todos juntos y dejemos de acusar a los demas, de lo contrario no iremos a ninguna parte con nuestros señalamientos aunque sabemos que muchos actúan con la firme intención de hacer el mal, las catástrofes de los últimos días dejaron daños cuantiosos, y esto llevará tiempo y dinero para erradicar el pesar y angustia de los damnificados, es necesario tocar el corazón de los que sí pueden ayudar aunque digan lo contrario, pues la distribución de la riqueza en el mundo no es equitativa, porque hoy los seres humanos se nos olvida que en el viaje final todos llevaremos el mismo traje, aunque sea de diferente color o el último modelo y de eso nadie está exento porque esta es la ley natural.

Por suerte, todos los problemas que ocurren en la vida del ser humano nos deja muchas enseñanzas, que si no nos damos cuenta de inmediato lo veremos después, y lo más importante es que debemos sacar en verdad mucho provecho a estas circunstancias, que nos ayudan a madurar en nuestras actitudes cotidianas de la vida diaria, sencillamente debemos ver cuanto bien viene después una catástrofe, pues es en esos momentos donde se puede apreciar cuantos amigos tenemos, a cuantos teníamos a nuestro lado de quienes no sabíamos nada, y que debido a mi desgracia se han acercado a mí para decirme, lo siento estoy contigo cuenta con mi ayuda y sabes que no estas solo, y a partir de ese momento nos damos cuenta que de verdad vale la pena ser solidarios, y la amistad crece la comunidad aumenta porque el calor humano aumenta, y sigue creciendo y unificando a cuanta persona encontramos porque hay mucho de que conversar, con las personas que tenemos cerca con las que a partir de ese momento sentimos lazos de amistad, o sea que después de la desgracia tambien se manifiesta una bendición que no es para una sola persona, sino que es tan abundante que alcanza para toda una comunidad, un pueblo o un país donde todo mundo es solidario a causa de una desgracia, y después se podía quizas decir bendita desgracia, pues vivimos inmersos en una sociedad que no conocemos por la comunicación que no hemos tenido con los demas, muchas veces esto se comprende porque en los afanes de la vida que nos mantienen el tiempo muy ocupado, no vemos para los lados simplemente hacia el frente para nunca desviarnos de lo que hacemos, con tanta rutina que todo lo que pasa a nuestro costado no vemos o simplemente no nos interesa, y luego nos enteramos de cosas que pudimos ver antes pero que solo ignoramos, desde luego que siempre decimos que raro que esto no lo sabía, pero si nunca quise ver porque no me interesaba o no me convenía,

es que tambien el egoísmo que aunque no quiera ya lo llevo
dentro de mi ser, me ha vedado los ojos para no darme cuenta
de aquello que quizas con otra actitud de mi parte hubiese
cambiado.

Cuantas experiencias positivas podemos lograr de nuestras
mismas desgracias, el ser humano por lo general termina
sacando ventaja de todos y cada uno de los acontecimientos
pues según los hechos hasta hoy las actitudes positivas
que se han tomado después de una catástrofe, han tenido
buenos resultados para mejorar aquello que se hizo mal,
y esto fue muy importante para su mejoría ya que debido
a todo aquello que se hizo a la carrera, dio el resultado que
hemos visto terminar en una tragedia, siempre debemos
ver el lado positivo de lo que sucede, analizando todos estos
aspectos nos damos cuenta que la ignorancia que existe en
todos los pueblos, permite tambien los desastres que ocurren
a diario porque nadie se deja enseñar por los demas, pues
parece que todos lo saben hasta de más que no aceptan los
consejos de nadie, grandes y pequeñas construcciones se
han desmoronado por alguna causa o falla física, material o
humana, pero nadie se hace responsable puede ser por el
orgullo o algo similar, hoy son pocas las personas sensatas
que quieran aceptar su responsabilidad, porque todos somos
grandes sabios y no aceptamos las ideas de los demas, pero
volvemos a recalcar que es de allí de las fallas donde sacamos
las mejores maneras de mejorar nuestras obras, como por
ejemplo la idea de millones de personas que mandan a
construír casas y muchas viviendas a orillas de los mares, y les
gusta vivir desafiando el peligro de ser arrasados un día por
maremotos, huracanes y otras clases de desastres que ocurren
en las orillas del mar, y esto para siempre comenzar de nuevo

sin pensar cuanta polución dejan los deshechos, especialmente si el desastre ha terminado tambien con animales domésticos o seres humanos, a todo esto si vemos la parte positiva nos damos cuenta que todas las reformas que se hagan para mejorar, es mucha ganancia para el futuro y que esto no vuelva a suceder y se tenga que lamentar, si tratamos de sacar provecho a estas circunstancias vemos que lo sucedido ha servido para mejorar, y no solo a nivel individual sino tambien comunitario, pues se benefician en general todas las personas que de una manera fueron damnificadas, tampoco ser como lo hace el ser humano que es el único animal que siempre mete dos veces la pata en el mismo agujero, al contrario del Asno que trata de rodear el lugar para no caer en el mismo problema, estamos viendo que la pared se nos viene encima; pero somos incapaces de pedir ayuda por orgullo o por lo que sea, pero tampoco nos gusta actuar de inmediato esperamos que el problema llegue a ser grave, esto es por naturaleza pero tampoco se debía actuar de esa forma, pues el costo de nuestro conformismo puede ser muy alto, si el ser humano sabe sacar ventajas de muchos males y problemas, se debía tomar el ejemplo de nuestros hermanos Asiáticos, cuando ellos acuden a grandes actividades o catástrofes, casi nunca asisten sin contar con una Cámara o Video donde puedan ellos tener evidencias de lo que han visto, ellos no roban evidencias ellos simplemente hacen copias de lo que ven, para después sacar muchas ventajas que aprovechan tanto a nivel personal, como tambien comunitario y hasta empresarial porque hacen grandes descubrimientos, a los que les sacan muchos beneficios y ganancias, y es allí donde más adelante se dice bendito problema o desgracia, porque son personas que sí saben aprovechar las circunstancias como una ganancia.

Al principio de los tiempos, las personas sabían sacar ventaja de todo lo que se veía incluso como un capricho de la Naturaleza, hasta las raíces de los árboles que por una ú otra causa se torcían, trataban de darle una forma llamativa a la vista de los demas, limpiándola y podia sacarle un beneficio vendiendo esta figura que de alguna manera, llamaba la atención de los que la veían y les interesaba, pensando en una decoración fuera de lo común algunas veces para volverla a vender, o sea que todo el tiempo se debía ver las cosas de manera positiva, que estas actitudes nunca fallan y son las que siempre llevan al éxito.

CAPITULO, IX
(IMITAR LO QUE HACE BIEN,)

En tiempos antiguos, los padres de familia hacían a sus hijos variados juguetes, los que fabricaban con trozos de madera incluso los hacian con clavos de la misma madera, evitando de esa manera los accidentes que podían ocurrir dentro de los mismos amigos y familiares, carretones, camiones, algunos animales imaginarios, y de esa manera todo era para evitar la contaminación que por cierto no existía en cantidad, pero esto inconcientemente estaba dentro de las reglas de la protección del ambiente, aunque quizas nadie se había preocupado en pensar los desastres del futuro con tanto producto químico que se inventaría, pero se había comenzado de manera cuidadosa, ya que no solo se pensaba en la protección de los niños, sino que tambien ya se comenzaba un camino hacia el cuidado de nuestro sistema natural, en realidad esa manera de actuar y enseñar a los niños fue muy sana ya que no solo se protegía el ambiente, sino que se protegía a los niños evitando accidentes imprevistos, hoy dentro los juguetes que se han inventado para los niños del mundo entero, se encuentran cantidades de artefactos dañinos para la salud del niño, seres malignos han inventado juguetes incluso con substancias explosivas, o muchos que se encuentran pintados con pinturas dañinas, pues contienen plomo que causa mucho daño especialmente a la integridad de los niños.

A toda esta negligencia humana debemos ajustar otras maneras de contaminar el ambiente, que cada día se hacen presentes en los medios ambientales, hoy se contamina hasta el aire con las redes de comunicación que ya existen, porque son tambien medios de contaminación por ejemplo, el Internet, el teléfono, el celular y los muchos medios de comunicación que existen, parece que todo esto ya es muy difícil de parar, porque todo se ha convertido en algo necesario en la vida cotidiana, en el avance de la era tecnológica en que vivimos, estamos obligados a aceptar todo este desastre puesto que nos estamos adaptando, y cada día vemos que todos los avances de la ciencia, nos favorece por un lado y nos lleva por otra parte a la destrucción, vemos claramente que si nos adaptamos a este sistema, vamos bien pero sin darnos cuenta que estamos causando daño a muchas otras cosas, por eso es necesario aprender a imitar todo aquello que nos hace bien, pero que sea el bien comun o de nuestras comunidades, algo que nos lleve a mejorar tanto nuestra vida, como de los demas que tambien tienen el derecho de vivir mejor, especialmente la juventud que sabemos es el futuro del mundo, y es el mundo que debemos salvar por medio de nuestros hechos positivos, actualmente el ambiente se encuentra demasiado contaminado sin ir muy lejos en los jóvenes podemos ver todo el cambio que la manera de vivir actuar y comportamiento proviene de todo lo que hoy tenemos a nuestro alcance, nos damos cuenta que las substancias que tenemos al alcance de la mano hacen cambiar la manera de actuar, de pensar y llega a entorpecer tanto la mente que ya no se mide el exceso de velocidad manejando un automóvil, la manera de comunicarse con los demas cambia completamente de tono, convirtiéndose en una manera agresiva en la comunicación con los demas, el sonido de la música a un volumen muy exagerado sin pensar en los que nos rodean, y todo esto tambien se llama contaminación debido a que las personas se dejan llevar por todo aquello que hace daño, esto físico moral y de toda índole pues se vuelve una manera de mantenerse al día, y no solo con lo moderno pues simplemente como el amigo lo hace o lo tiene, tambien yo debo tenerlo y hacerlo cueste lo que cueste, las encuestas muestran y comprueban el daño que se hace tanto visual, como auditivo debido al exceso en el uso de las diferentes maneras de usar el volumen en la música, y el uso excesivo de juegos electrónicos como tambien el exceso de velocidad al conducir un Automóvil, y esto último que puede llevar a la muerte en un accidente, es cierto que estamos muy avanzados en la tecnología por lo que llegamos a pensar que ya no se puede hacer absolutamente nada, pero si cada persona pusiera algo de su parte en su manera de actuar, pensando hacer siempre lo mejor para el bien de las familias, pues es del núcleo familiar donde saldrán los futuros responsables de la sociedad, se dice que nunca es tarde para reparar los errores cometidos, y es muy importante actuar de inmediato cuando nos damos cuenta que algo hemos hecho mal.

En este siglo XXI, parece que ha llegado la hora de actuar y pensar de manera positiva, poniendo cada cosa en su lugar y desde luego sin egoísmo dar de nosotros todo lo mejor que tengamos, para lograr que todo aquello que hemos hecho mal y de manera desordenada, logre tomar el rumbo de la recuperación conjuntamente para el bien de la sociedad en que vivimos, de esto dependerá el rumbo que tome el mundo futuro, un futuro muy incierto ya que nadie se atreve a colaborar en la elaboración de programas que sean adecuados, y puedan contribuír a la salvación de un mundo que cada día se contamina, cuando los primero seres poblaron el planeta seguramente todo se encontraba lleno de oxígeno y sus praderas verdeaban por todas partes, sería muy importante fijar nuestra mente en aquellos tiempos y tratar de darle otro camino a nuestra manera de comportarnos, el ser humano es el único responsable de esta catástrofe ecológica que se avecina, el problema es que nadie nos atrevemos a responsabilizarnos por los actos que siempre cometemos, y de estos nos damos cuenta a veces demasiado tarde cuando vemos el daño que la negligencia de todos en conjunto ocasiona por donde pasamos, hoy tenemos en frente un problema ecológico de proporciones gigantes, del que nadie se siente responsable pero cuando se trata de sacarle todo el provecho en beneficio personal, no medimos el peligro ni las consecuencias que esto pueda traer, parece que de esto se habla desde hace ya varias décadas, pero los programas elaborados para este grave asunto se han quedado en el olvido o engavetados como se dice, hoy tambien en varios lugares del mundo ocurren catástrofes ocasionando cuantiosas perdidas tanto materiales como humanas, como es natural esto es muy difícil controlarlo, pero tampoco se pone interes para ver como se puede evitar seguir contaminando el ambiente con tanto deshecho, ya sea que se vierte en las fuentes de agua, o que se seca y se comienza a contaminar el aire y por lo tanto la atmósfera, esto se vuelve complicado debido a que con tanta pena nadie se da el tiempo en pensar en la contaminación, hay países donde muchos de nosotros hemos visitado, donde nos damos cuenta cuanta negligencia existe en sus pobladores, personas viajando en transportes extraurbanos que toman bebidas mientras viajan, y no se toman siquiera el interes en tirar los envases de plástico, en lugares adecuados o recipientes donde puedan ser recogidos para reciclarlos, en lugares despoblados ocurre con más frecuencia, porque solo abren las ventanillas para tirar los envases en el bosque, esto se ve muy a menudo y esos campos tienen un aspecto brillante, pues son alfombras de plástico las que adornan la superficie de dichos campos, cuando se llegue a controlar esos problemas de seguro las personas no solo tendrán más ingresos económicos, sino que tambien podran respirar más aire puro y oxigenado, pero es necesario que desde ya se pongan a trabajar ordenadamente, dejando por un lado el egoísmo y viendo siempre el bien comun.

Ya hemos pasado la primera década del siglo XXI, y seguimos ignorando lo que tanto se ha discutido en reuniones cumbres, llevadas a cabo en diferentes partes del mundo donde se han firmado convenios, y todo esto a nivel mundial donde los gobiernos se han comprometido, y han firmado esos documentos pero me parece que todo se ha quedado en los archivos, y estos no servirán ni para ejemplos a las nuevas generaciones porque no hay nada positivo, hoy casi todos los países incluyendo los más pobres, han contribuido al desarrollo de experimentos espaciales, planetarios y de toda índole pero para los programas de salud y bienestar mundial y comunitario, nadie se atreve a invertir ni siquiera lo que les sobra porque no hay nada a cambio y provecho personal, nos damos cuenta que las grandes empresas, hoy en dia invierten cuando saben que dicho negocio les traerá buenos ingresos, en la antigüedad todo lo que pintaban lo hacian con tintes, que estos eran sacados de plantas y por consiguiente estos eran productos naturales, que nunca llegarían a contaminar el ambiente o sea que las personas, estaban ya pensando en los problemas de contaminación del futuro, hoy esas mismas pinturas elaboradas con sustancias químicas porque para poder limpiar los utensilios que se usan, se debe hacer por medio de otro químico, y lo demas es con agua la que tambien vertimos en los lavamanos o fuentes de agua corrediza, nunca pensamos que todo ira a parar siempre a los ríos o lagos, que estos últimos en la mayor parte del mundo se estan secando, y los que existen se encuentran contaminados al punto de tener un color verdoso y llenos de algas malignas las que crecen en los deshechos.

Estos mismos químicos, se usan en la actualidad en muchos países para pintar los juguetes, que se hacen para que se entretengan los niños de todo el mundo, y han muerto muchos a causa de la negligencia de personas sin escrúpulos, que tratan de hacer fortuna a costa de vidas inocentes que no hacen nada más que vivir felices, todo quedará en la conciencia de quienes se creen dueños del mundo, porque no les importa lo que se lleven por delante con la idea de hacer negocio, vivimos en un mundo que es del más fuerte, en los años venideros es posible que los hombres se olviden hasta de su creador, porque es muy diferente la mente humana y los pensamientos de Dios, el hombre se deja llevar por intrigas, egoísmos ambiciones las que lo llevan a cometer muchos actos incorrectos, los que causan mucho daño a causa de que nunca se convence, de que la única forma de encontrar la felicidad es actuando siempre con amor, olvidándose de todo aquello que pueda hacernos daño y hacerlo a los demas, si tenemos la conciencia tranquila es más fácil vivir feliz, es lo mismo que cuando tiramos un poco de basura en cualquier lugar, en el mismo momento no podemos identificar el daño que estamos haciendo a la ecología, pero el problema es que no vemos a la naturaleza como a un ser vivo, y dentro de nuestro ser podemos sentir y escuchar, los gritos de agonía que provienen desde el corazón de nuestro planeta, los que se convierten en terremotos, huracanes, tsunamis lluvias torrenciales que en estos momentos estan ocacionando mucho daño, y esto a personas que no tienen nada que ver con la negligencia humana, muchas veces puede ser el descuido que se tiene al deshacernos de los paquetes de basura, porque existen desagues los que se obstruyen con el exceso de basura, pero lo que esta pasando últimamente se ve que es a causa del descontrol atmosférico, estas son las consecuencias que debemos soportar después de tener conciencia con nuestros actos.

Este documento porta el sello de las cosas vividas, y que el único interes que tiene es hacer que todos en general, meditemos lo que será de nuestro mundo si continua siendo objeto de recibidor, de todo lo que el ser humano tiene en sus manos para terminar de contaminarlo, y esperamos que de esta manera logremos encausar programas que de verdad, contribuyan en algo para que los que hoy habitamos la tierra podamos tener una vida más digna de personas civilizadas, y que las nuevas generaciones tengan un legado de bienestar y salud, que exista algo concreto que logre la salvación de todo lo bello que existe en el mundo que el creador nos dio, y que sin egoísmos y ambiciones logremos erradicar las consecuencias que trae la nueva tecnología, y hoy todos juntos luchemos por tener un mundo más sano y con su naturaleza llena de oxígeno, las generaciones que vienen detrás de nosotros, lo tomaran en cuenta y de seguro este trabajo ellos lo continuaran, pues no cabe duda que dará frutos positivos los que serán compartidos sin egoísmos mezquinos, y no olvidemos que la lógica nos enseña a respetar, para ser respetados, no hacer el daño que no quieres que te hagan y vive feliz, esto no cuesta mucho y es a bajo costo que todos en general podemos pagarlo, cuando todos aprendamos a vivir estas experiencias, seguramente todo será diferente y la sociedad del mundo entero tendrá una nueva vida, que será para ejemplo de las futuras generaciones las que gozaran de bienes compartidos.

Este documento ha sido escrito con la única intención, de velar por el bien comun de las personas de buena voluntad, esperando tener frutos positivos para la salvación de nuestro planeta, que hoy se encuentra muy maltratado, debido al conformismo de muchos, la ambición de otros, y la negligencia de la mayoría.

Montreal, 09 de Febrero de 2014